DR. OETKER

PARTY GRILLEN

GEFLÜGEL-KEBABS, BUNTES PAPRIKAGEMÜSE,
KRÄUTER-GARNELEN, APFEL-LAUCH-DIP...

DR. OETKER

PARTY GRILLEN

GEFLÜGEL-KEBABS, BUNTES PAPRIKAGEMÜSE, KRÄUTER-GARNELEN, APFEL-LAUCH-DIP...

Dr. Oetker Verlag

Vorwort

Gerichte zu Grillen im Freien, auf dem Holzkohlen- oder Elektrogrill, mal mit Fleisch, mal mit Fisch, mal vegetarisch. Die passenden Marinaden zum Einlegen und schmackhafte Saucen und Dips zum Essen. Hier finden Sie die leckeren Rezepte zum Grillen, damit Ihr Mann mal wieder seinen archaischen Gelüsten des Jägers nachgeben kann. Ob mediteran gegrillte Hähnchenbrust oder orientalischer Shish-Kebab, ob Lammtaschen, gefüllt mit Pfeffer und Rosmarin, gegrillte Lachsschnitten, buntes Paprikagemüse oder Austernpilze. Hier finden Sie Rezepte für 8–10 Personen, die sich gut vorbereiten lassen. Und dann steht der Grillfete mit Freunden und netten Nachbarn nichts mehr im Weg.

Abkürzungen

EL	= Esslöffel
TL	= Teelöffel
Msp.	= Messerspitze
Pck.	= Packung/Päckchen
g	= Gramm
kg	= Kilogramm
ml	= Milliliter
l	= Liter
Min.	= Minuten
Std.	= Stunden
evtl.	= eventuell
geh.	= gehäuft
gestr.	= gestrichen
TK	= Tiefkühlprodukt
°C	= Grad Celsius
Ø	= Durchmesser
E	= Eiweiß
F	= Fett
Kh	= Kohlenhydrate
kcal	= Kilokalorien
kJ	= Kilojoule

Hinweise zu den Rezepten

Die Rezepte sind für 8–10 Personen berechnet. Lesen Sie vor der Zubereitung das Rezept einmal vollständig durch. Oft werden Arbeitsabläufe oder -zusammenhänge dann klarer. Die in den Rezepten angegebenen Gartemperaturen und -zeiten sind Richtwerte, die je nach individueller Hitzeleistung des Grills über- oder unterschritten werden können. Beachten Sie die Gebrauchsanweisung des Herstellers.

Zubereitungszeiten

Die Zubereitungszeit ist ein Anhaltswert für die Zeit für Vorbereitung und die eigentliche Zubereitung, die Gar- bzw. Überbackzeiten sind gesondert ausgewiesen. Längere Wartezeiten wie z. B. Kühl- und Auftauzeiten sind nicht einbezogen.

Schweinenackensteaks

Zubereitungszeit: 30 Min., ohne Marinierzeit
Grillzeit: etwa 15 Min.

Pro Portion:
E: 34 g, F: 38 g, Kh: 1 g, kJ: 2159, kcal: 516

- **8 Schweinenackensteaks (je 180 g)**

Für die Marinade:

- **4 EL Sojasauce**
- **2 TL Steak- und Grill-Gewürzsalz**
- **1 TL Currypulver**
- **8 EL Olivenöl**
- **etwas Cayennepfeffer**

1 Nackensteaks unter fließendem kalten Wasser abspülen, trockentupfen und in eine flache Schale legen.

2 Für die Marinade Sojasauce, Steak- und Grill-Gewürzsalz, Curry, Olivenöl und Cayennepfeffer verrühren. Die Nackensteaks damit bestreichen und zugedeckt einige Stunden stehen lassen.

3 Die Nackensteaks auf den heißen Grill legen und von beiden Seiten insgesamt etwa 15 Minuten grillen. Die Nackensteaks während des Grillens mit der Marinade bestreichen.

Apfel-Lauch-Dip

Zubereitungszeit: 35 Min.

Pro Portion:
E: 4 g, F: 4 g, Kh: 9 g, kJ: 381, kcal: 91

- **2 Stangen Porree (Lauch)**
- **250 ml (1/4 l) Gemüsebrühe**
- **10 EL Sojasauce**
- **2 säuerliche Äpfel**
- **2 EL abgezogene, gehobelte Mandeln**
- **4 EL Crème fraîche**
- **2 EL Rosinen**

1 Porree putzen, die Stangen längs halbieren, waschen, abtropfen lassen und in Streifen schneiden.

2 Die Porreestreifen in der Gemüsebrühe mit Sojasauce etwa 5 Minuten weich kochen lassen.

3 Äpfel waschen, abtrocknen, vierteln, entkernen und fein würfeln.

4 Mandeln in einer Pfanne ohne Fett goldbraun rösten.

5 Porree mit Brühe und Crème fraîche pürieren. Rosinen und Apfelwürfel hinzufügen und noch einmal kurz aufkochen lassen. Erkalten lassen.

6 Den Apfel-Lauch-Dip mit Mandeln bestreuen.

Tipp:
Apfel-Lauch-Dip schmeckt sehr gut zu Schwein oder Wild sowie zu kräftigeren Gemüse- oder Fischsorten.

Gegrillte Hamburger

Zubereitungszeit: 35 Min.
Grillzeit: 12–15 Min.

Pro Portion:
E: 20 g, F: 28 g, Kh: 17 g,
kJ: 1762, kcal: 421

- **1 altbackenes Brötchen (Semmel)**
- **1 Zwiebel**
- **800 g Gehacktes (halb Rind-, halb Schweinefleisch)**
- **Salz**
- **frisch gemahlener Pfeffer**
- **3 EL Speiseöl**

- **einige Salatblätter**
- **2 Tomaten**
- **8 Hamburger Brötchen**
- **Mayonnaise**

1 Das Brötchen in kaltem Wasser einweichen. Zwiebel abziehen und fein würfeln.

2 Gehacktes mit dem gut ausgedrückten Brötchen und Zwiebelwürfeln gut vermengen. Mit Salz und Pfeffer würzen.

3 Aus dem Fleischteig mit nassen Händen 8 Hamburger formen, flach drücken und mit Speiseöl bestreichen.

4 Die Hamburger auf den heißen Grill legen (evtl. auf Alufolie legen) und unter gelegentlichem Wenden 12–15 Minuten grillen.

5 Salatblätter waschen, gut trockentupfen. Tomaten waschen, abtrocknen. Die Stängelansätze herausschneiden. Tomaten in Scheiben schneiden.

6 Brötchen halbieren. Brötchenhälften mit den Schnittseiten kurz auf den heißen Grill legen. Die unteren Brötchenhälften mit Mayonnaise bestreichen, mit je einem Salatblatt und zwei Tomatenscheiben belegen. Dann je einen Hamburger darauf legen. Mit den oberen Brötchenhälften bedecken und etwas andrücken.

Knoblauchbrot

Zubereitungszeit: 30 Min.
Backzeit: etwa 15 Min.

Insgesamt:
E: 14 g, F: 19 g, Kh: 89 g,
kJ: 2589, kcal: 618

- **3 kleine Baguettes (je 500 g)**
- **9 Knoblauchzehen**
- **Salz**
- **200 g weiche Butter**
- **1 Bund frisch gehackte Petersilie**
- **frisch gemahlener Pfeffer**

1 Baguettes im Abstand von etwa 2 cm mit einem scharfen Messer tief einschneiden, dabei das Brot jedoch nicht durchschneiden.

2 Knoblauch abziehen, in Scheiben schneiden, mit Salz bestreuen und mit dem flachen Messer zu einer Paste zerreiben.

3 Knoblauchpaste mit Butter und Petersilie verrühren, mit Pfeffer würzen und in die Broteinschnitte streichen.

4 Brote in Alufolie wickeln und auf ein Backblech legen. Das Backblech in den Backofen schieben.

(Fortsetzung Seite 10)

Ober-/Unterhitze:
180–200 °C (vorgeheizt)
Heißluft: 160–180 °C (vorgeheizt)
Gas: etwa Stufe 3 (vorgeheizt)
Backzeit: etwa 15 Min.

5 Die Brote aus der Alufolie nehmen und aufschneiden.

Tipp:
Die Brote zu gegrilltem Fleisch reichen.

Mett-Gemüse-Spiesse

Zubereitungszeit: 60 Min.
Grillzeit: 15–20 Min.

Pro Portion:
E: 19 g, F: 47 g, Kh: 2 g,
kJ: 2134, kcal: 511

- **600 g frischer Blattspinat**

- **750 g Schweinemett**
- **350 g Cocktailtomaten (30–40 Stck.)**
- **200 g weiche Butter**
- **8–10 g Steak- und Grill-Gewürzsalz**

Außerdem:
- **10 Metall- oder Holzspieße**
- **Alu-Grillschalen**

1 Spinat verlesen, waschen, in ein Sieb geben, mit kochendem Wasser überbrühen, mit kaltem Wasser übergießen und gut abtropfen lassen. Die Spinatblätter auf Küchenpapier legen und trocknen lassen.

2 Aus dem Mett etwa 30 walnussgroße, ovale Bällchen formen. Jeweils 4–5 Spinatblätter dachziegelartig aufeinander legen und je ein Bällchen darauf legen. Die Bällchen in die Spinatblätter einrollen.

3 Tomaten waschen und trockentupfen. Butter mit dem Steak- und Gewürzsalz verrühren.

4 Abwechselnd 3 Spinatbällchen und 3–4 Tomaten auf je einen Spieß stecken. Die Spieße in die Grillschalen legen. Zwei Drittel der mit Steak- und Gewürzsalz gewürzten Butter in Flöckchen auf den Spießen verteilen.

5 Die Grillschalen auf den heißen Grill stellen. Die Gemüsespieße unter mehrmaligem Wenden 15–20 Minuten grillen.

6 Die Spieße mit der restlichen gewürzten Butter servieren.

Schweinenackensteaks, mit Kräutern und Malzbier gebeizt

Zubereitungszeit: 25 Min., ohne Marinierzeit
Grillzeit: etwa 15 Min.

Pro Portion:
E: 30 g, F: 38 g, Kh: 1 g, kJ: 2084, kcal: 497

Für die Marinade:
- **100 ml Malzbier**
- **1 EL mittelscharfer Senf**
- **6 EL Speiseöl**
- **2 Pck. TK-Küchenkräuter**
- **10 Schweinenackensteaks (je 150 g)**
- **grob gemahlener, bunter Pfeffer**
- **Salz**

1 Für die Marinade Malzbier, Senf und Speiseöl gut verrühren. Küchenkräuter untermengen.

2 Steaks unter fließendem kalten Wasser abspülen, trockentupfen. Steaks von beiden Seiten mit Pfeffer bestreuen und in eine flache Schale legen. Die Steaks mit der Marinade bestreichen und mit Klarsichtfolie zugedeckt im Kühlschrank über Nacht durchziehen lassen.

3 Steaks abtropfen lassen, auf den heißen Grill legen und unter gelegentlichem Wenden etwa 15 Minuten grillen. Steaks mit Salz bestreuen.

Scharfe Meerrettichsauce

Zubereitungszeit: 15 Min., ohne Durchziehzeit

Pro Portion:
E: 1 g, F: 10 g, Kh: 3 g, kJ: 465, kcal: 111

Für die Meerrettichsauce:
- **2 Frühlingszwiebeln**
- **150 g Salatmayonnaise**
- **1 Becher (150 g) Crème fraîche**
- **1 EL Zitronensaft**
- **2 TL geschälter, geriebener Meerrettich**
- **2 TL Worcestersauce**
- **Salz**
- **frisch gemahlener Pfeffer**
- **Zucker**

Nach Belieben zum Bestreuen:
- **Schnittlauchröllchen**
- **1 fein geschnittene Frühlingszwiebel**

1 Für die Sauce Frühlingszwiebeln putzen, waschen und sehr fein schneiden.

2 Salatmayonnaise mit Crème fraîche, Zitronensaft, Meerrettich, Worcestersauce und Frühlingszwiebeln gut verrühren. Mit Salz, Pfeffer und Zucker würzen.

3 Die Sauce etwa 30 Minuten durchziehen lassen. Nach Belieben mit Schnittlauchröllchen und Frühlingszwiebel bestreuen.

Tipp:
Die Sauce zu gegrillten Beefsteaks, Steaks oder zu Fleischspießen servieren.

Hamburger Donuts mit Ananas

Zubereitungszeit: 35 Min.
Grillzeit: 12–16 Min.

Pro Portion:
E: 14 g, F: 16 g, Kh: 10 g,
kJ: 1075, kcal: 257

- **1 kg Gehacktes (halb Rind-, halb Schweinefleisch)**
- **2 Eier**
- **2 Brötchen**
- **2 mittelgroße Zwiebeln**
- **4 geh. TL Salz**
- **2 Msp. gemahlener Pfeffer**
- **2 TL Tomatenketchup**
- **einige Spritzer Worcestersauce**
- **16 Ananasscheiben (aus der Dose)**

Zum Bestreichen:
- **etwas Speiseöl**

1 Gehacktes mit Eiern und den in Wasser eingeweichten, gut ausgedrückten Brötchen gut vermengen. Zwiebeln abziehen, fein würfeln und zur Fleischmasse geben. Mit Salz, Pfeffer, Ketchup und Worcestersauce würzen, pikant abschmecken.

2 Ananasscheiben in einem Sieb gut abtropfen lassen und trockentupfen. Jede Scheibe mit dem Fleischteig so umhüllen, dass der Ananasring frei bleibt.

3 Die Donuts auf einen mit Alufolie belegten Grillrost legen. Donuts mit Speiseöl bestreichen und von jeder Seite 6–8 Minuten grillen.

Beigabe:
Pommes frites, Grillsauce, süß-saure Sauce oder Ketchup.

Aprikosen-Curry-Butter

Zubereitungszeit: 25 Min., ohne Abkühlzeit

Pro Portion:
E: 1 g, F: 26 g, Kh: 8 g,
kJ: 1174, kcal: 281

- **2 Schalotten**
- **50 g Butter**
- **100 g getrocknete Aprikosen**
- **1 EL Currypaste aus dem Glas oder Currypulver**
- **200 g weiche Butter**
- **1 Bund Koriander oder 2 TL getrockneter Koriander**
- **2 TL Sambal Oelek**
- **Salz**
- **frisch gemahlener Pfeffer**
- **Zucker**

1 Schalotten abziehen und fein würfeln. Butter in einer Pfanne zerlassen. Schalottenwürfel darin glasig dünsten. Aprikosen fein würfeln. Curry und Aprikosenwürfel in die Pfanne geben und kurz mitdünsten. Die Butter-Aprikosen-Masse erkalten lassen.

2 Butter mit Handrührgerät mit Rührbesen schaumig rühren. Koriander abspülen, trockentupfen, fein hacken und mit der Schalotten-Aprikosen-Masse unterrühren.

3 Die Aprikosen-Curry-Butter mit Sambal Oelek, Salz, Pfeffer und Zucker feurig-pikant würzen.

Marinierte Schweinekoteletts mit Mohnbutter

Zubereitungszeit: 60 Min., ohne Marinierzeit
Grillzeit: etwa 20 Min.

Pro Portion:
E: 32 g, F: 52 g, Kh: 10 g, kJ: 2797, kcal: 669

- **8 Schweinekoteletts (je 160 g)**

Für die Marinade:

- **8 Knoblauchzehen**
- **Saft von 4 Orangen**
- **2 EL flüssiger Honig**
- **4 EL Tomatenmark**
- **4 EL Sojasauce**

Für die Mohnbutter:

- **250 g weiche Butter**
- **4 TL Rheinisches Apfelkraut**
- **12 Stiele frische Minze**
- **4 TL Mohnsamen**
- **Salz**
- **frisch gemahlener, weißer Pfeffer**

1 Koteletts unter fließendem kalten Wasser abspülen, trockentupfen und in eine flache Schale legen.

2 Für die Marinade Knoblauch abziehen und sehr fein würfeln. Knoblauchwürfel mit Orangensaft, Honig, Tomatenmark und Sojasauce verrühren. Die Koteletts mit der Marinade bestreichen und zugedeckt etwa 1 Stunde durchziehen lassen.

3 Für die Mohnbutter Butter mit Apfelkraut verrühren. Die Minze abspülen und trockentupfen. Die Blättchen von den Stängeln zupfen und in feine Streifen schneiden. Minzstreifen und Mohn unter die Apfelkraut-Butter rühren. Mit Salz und Pfeffer abschmecken.

4 Die Koteletts aus der Schale nehmen und etwas trockentupfen. Die Koteletts auf den heißen, mit Alufolie belegten Grill legen und unter mehrmaligem Wenden etwa 20 Minuten grillen.

5 Die Koteletts mit der Mohnbutter servieren.

Beilagen:
Baguette, gegrillte Tomatenhälften und Zucchinistückchen.

Gegrillte Schweinerippchen mit Paprika-Butter-Gemüse

Zubereitungszeit: 45 Min., ohne Marinierzeit
Grillzeit: 20–25 Min.

Pro Portion:
E: 75 g, F: 71 g, Kh: 22 g, kJ: 4608, kcal: 1099

Für die Marinade:
- **8 EL flüssiger Honig**
- **4 EL Weißweinessig**
- **2 TL Senfpulver**
- **1 EL kaltes Wasser**
- **8 EL Olivenöl**
- **Salz**
- **frisch gemahlener Pfeffer**

- **3 kg Schälrippchen**

Für das Paprika-Butter-Gemüse:
- **2 Gemüsezwiebeln (je etwa 350 g)**
- **je 3 grüne, rote und gelbe Paprikaschoten (etwa 1,6 kg)**
- **150 g Butter**
- **3 TL Anissamen**
- **Salz**
- **frisch gemahlener Pfeffer**
- **Cayennepfeffer**

Außerdem:
- **2 Alu-Grillpfannen oder -schalen**

1 Für die Marinade Honig mit Essig verrühren. Senfpulver mit Wasser verrühren und unter die Honig-Essig-Marinade mischen. Olivenöl unterrühren. Mit Salz und Pfeffer würzen.

2 Schälrippchen unter fließendem kalten Wasser abspülen, trockentupfen und in eine flache Schale legen. Die Rippchen mit der Marinade bestreichen und zugedeckt einige Stunden oder über Nacht durchziehen lassen.

3 Für das Gemüse Zwiebeln abziehen und fein würfeln. Paprikaschoten halbieren, entstielen, entkernen, die weißen Scheidewände entfernen. Die Schoten waschen, abtropfen lassen und in Würfel schneiden.

4 Butter in einer Pfanne zerlassen. Anis unter Rühren etwa 5 Minuten darin dünsten. Zwiebel- und Paprikawürfel hineingeben. Mit Salz, Pfeffer und Cayennepfeffer würzen. Gemüsepfanne beiseite stellen.

5 Die Rippchen aus der Marinade nehmen und in die Grillpfannen oder -schalen legen.

6 Die Grillpfannen auf den heißen Grill stellen und die Rippchn unter mehrmaligem Wenden 20–25 Minuten grillen. Die Rippchen während des Grillens häufig mit der Marinade bestreichen.

7 Gemüse in eine feuerfeste Form geben und am Rand des Grills erwärmen. Die Rippchen mit dem Gemüse servieren.

Tipp:
Statt Senfpulver können auch 2 Esslöffel körniger Senf verwendet werden.

Hähnchenflügel mit Barbecue-Marinade

Zubereitungszeit: 40 Min., ohne Marinierzeit
Grillzeit: etwa 15 Min.

Pro Portion:
E: 19 g, F: 12 g, Kh: 16 g, kJ: 1038, kcal: 248

- **etwa 40 Hähnchenflügel**

Für die Marinade:

- **4 Knoblauchzehen**
- **8 EL Tomaten-Ketchup**
- **4 EL Balsamicoessig**
- **Saft von 4 Limetten**
- **2 TL Paprikapulver**
- **3 TL Cayennepfeffer**
- **6 El flüssiger Honig**
- **2 EL brauner Zucker**
- **einige Spritzer grüner Tabasco**
- **Salz**
- **frisch gemahlener Pfeffer**

Außerdem:

- **Alu-Grillschalen**

1 Hähnchenflügel unter fließendem kalten Wasser abspülen, trockentupfen und in eine flache Schale legen.

2 Für die Marinade Knoblauch abziehen und durch eine Knoblauchpresse drücken. Knoblauch mit Ketchup, Essig, Limettensaft, Paprika, Cayennepfeffer, Honig, Zucker, Tabasco, Salz und Pfeffer verrühren. Die Hähnchenflügel mit der Marinade bestreichen und zugedeckt etwa 2 Stunden durchziehen lassen.

3 Die Hähnchenflügel in Grillschalen legen. Grillschalen auf den heißen Grill stellen. Die Hähnchenflügel unter mehrmaligem Wenden etwa 15 Minuten grillen. Die Hähnchenflügel während des Grillens häufig mit der Marinade bestreichen, bis sie glasiert sind.

- **Beilage:**

Baked Potatoes (gebackene Kartoffeln).

Orientalischer Shish Kebab mit Salat Tabouleh

Zubereitungszeit: 90 Min., ohne Marinierzeit
Garzeit: 10–12 Min.
Grillzeit: 10–12 Min.

Pro Portion:
E: 36 g, F: 56 g, Kh: 13 g, kJ: 3135, kcal: 748

- **1,4 kg Lammschulter**
- **je 2 rote und grüne Paprikaschoten (etwa 1 kg)**
- **6 Zwiebeln (etwa 350 g)**

Außerdem:
- **10 Holz- oder Metallspieße**

Für die Marinade:
- **1 Zitrone (unbehandelt)**
- **1 Orange (unbehandelt)**
- **1 Bund frische Minze**
- **250 ml (1/4 l) Olivenöl**

Zum Bestreuen:
- **frisch gemahlener, grober, bunter Pfeffer**

Für den Salat:
- **400 g Couscous (grober Hartweizengrieß)**
- **3 Bund glatte Petersilie**
- **6 Fleischtomaten (je etwa 120 g)**
- **Salz**
- **frisch gemahlener Pfeffer**
- **Saft von 2 Limetten**

1 Lammschulter unter fließendem kalten Wasser abspülen, trockentupfen. Das Fleisch in etwa 3 cm große Stücke (etwa 30 g) schneiden.

2 Paprikaschoten halbieren, entstielen, entkernen, die weißen Scheidewände entfernen. Die Schoten waschen und in Stücke schneiden (je Schote etwa 10 Stücke). Zwiebeln abziehen und vierteln.

3 Abwechselnd Lammfleisch, Paprikastücke und Zwiebelviertel auf 10–12 Spieße stecken (je Spieß 4 Fleischstücke, 4 Paprikastücke und 2 Zwiebelviertel). Die Spieße in eine tiefe Schale legen.

4 Für die Marinade Zitrone und Orange waschen, trockentupfen, hauchdünn schälen und in Streifen schneiden. Minze abspülen, trockentupfen und grob hacken. Zitronen- und Orangenschale und -saft und Minze in eine Schüssel geben und mit Olivenöl gut verrühren.

5 Die Spieße mit Pfeffer bestreuen und mit der Marinade übergießen. Mit Klarsichtfolie zugedeckt im Kühlschrank über Nacht durchziehen lassen.

6 Für den Salat Couscous in kochendem Salzwasser in 10–12 Minuten gar kochen. Couscous in ein Sieb geben, abtropfen lassen, mit kaltem Wasser abschrecken und in dem Sieb gut abtropfen lassen.

7 Petersilie abspülen, trockentupfen und grob hacken. Tomaten waschen, abtrocknen, die Stängelansätze herausschneiden. Tomaten in Würfel schneiden.

8 Couscous in eine Schüssel geben. Petersilie und Tomatenwürfel hinzufügen. Die Zutaten gut vermischen. Den Salat mit Salz, Pfeffer und Limettensaft würzen.

9 Die Spieße aus der Marinade nehmen und auf Küchenpapier abtropfen lassen. Die Spieße auf den heißen Grill legen und unter gelegentlichem Wenden in 10–12 Minuten grillen. Die Spieße mit dem Salat servieren.

Lammtaschen, mit grünem Pfeffer und Rosmarin gefüllt

Zubereitungszeit: 50 Min., ohne Marinierzeit
Grillzeit: 15–20 Min.

Pro Portion:
E: 39 g, F: 25 g, Kh: 1 g, kJ: 1734, kcal: 414

- **10 Lammsteaks aus der Keule (je etwa 130–150 g)**

Für die Marinade:

- **1 Zweig Rosmarin**
- **1 EL grüne Pfefferkörner in Lake (etwa 20 g)**
- **100 ml Olivenöl**
- **4 Knoblauchzehen**
- **Salz**

Außerdem:

- **Rouladennadeln oder Holzstäbchen**

1 Lammsteaks unter fließendem kalten Wasser abspülen und trockentupfen. Lammsteaks etwas flach klopfen (am besten in einem Gefrierbeutel).

2 Für die Marinade die Nadeln des Rosmarinzweiges abzupfen, mit den Pfefferkörnern fein hacken und mit 2 Esslöffeln von dem Olivenöl vermischen.

3 Die Lammsteaks mit der Marinade von einer Seite bestreichen, zusammenklappen und mit Rouladennadeln oder Holzstäbchen feststecken.

4 Knoblauchzehen abziehen, durch eine Knoblauchpresse drücken und mit dem restlichen Olivenöl vermischen.

5 Die Lammtaschen in eine flache Schale legen, mit dem Knoblauchöl bestreichen und mit Klarsichtfolie zugedeckt im Kühlschrank über Nacht durchziehen lassen.

6 Die Lammtaschen auf den heißen Grill legen und unter mehrmaligem Wenden 15–20 Minuten grillen. Die Lammtaschen mit Salz bestreuen.

Beilage:
Gegrillte Zucchinischeiben und Knoblauch-Mayonnaise-Dip. Dafür fertige Mayonnaise mit etwas Naturjoghurt vermischen und mit Knoblauch und Salz abschmecken.

Gegrillte Lammkarrees

Zubereitungszeit: 30 Min., ohne Marinierzeit
Grillzeit: etwa 10 Min.

Pro Portion:
E: 14 g, F: 15 g, Kh: 0,2 g, kJ: 869, kcal: 207

- **4 Lammkarrees (je 150 g)**

Für die Marinade:

- **2 Knoblauchzehen**
- **etwas frischer Thymian**
- **4 EL Olivenöl**
- **Salz**
- **frisch gemahlener Pfeffer**

Außerdem:

- **Alufolie**

1 Lammkarrees unter fließendem kalten Wasser abspülen, trockentupfen und in eine flache Schale legen.

2 Für die Marinade Knoblauch abziehen und durch eine Knoblauchpresse drücken. Thymian abspülen und trockentupfen. Die Blättchen von den Stängeln zupfen. Olivenöl mit Knoblauch, Thymianblättchen, Salz und Pfeffer verrühren. Lammkarrees damit bestreichen und etwas durchziehen lassen.

3 Die Lammkarrees auf den heißen, mit Alufolie belegten Grill legen und von beiden Seiten etwa 10 Minuten grillen. Die Lammkarrees während des Grillens mit der Marinade bestreichen.

Bohnencreme mit Tomaten und Basilikum

Zubereitungszeit: 35 Min.

Pro Portion:
E: 12 g, F: 6 g, Kh: 21 g, kJ: 836, kcal: 200

- **2 Dosen weiße Bohnen (Abtropfgewicht je 250 g)**
- **10 EL Sojasauce**
- **4 EL Olivenöl**
- **2 EL Weißwein-Essig**
- **4 Tomaten**
- **1 Topf Basilikum**
- **frisch gemahlener Pfeffer**

1 Bohnen in einem Sieb abtropfen lassen. Zwei Drittel der Bohnen mit Sojasauce, Olivenöl und Essig pürieren.

2 Tomaten waschen, abtropfen lassen, kreuzweise einschneiden und einige Sekunden in kochendes Wasser legen. Tomaten kurz in kaltes Wasser legen, enthäuten, halbieren, entkernen, Stängelansätze herausschneiden. Fruchtfleisch in Würfel schneiden.

3 Basilikum abspülen, trockentupfen und die Blättchen grob zerschneiden.

4 Bohnenpüree mit den restlichen Bohnen, Tomatenwürfeln und Basilikum mischen. Mit Pfeffer würzen.

Tipp:
Bohnencreme mit Tomaten und Basilikum schmeckt sehr gut zu Scampis oder Seefischen, hellen Fleischsorten und Lamm.

Bunte Lammspiesse

Foto unten
Zubereitungszeit: 45 Min., ohne Marinierzeit
Grillzeit: etwa 12 Min.

Pro Portion:
E: 26 g, F: 14 g, Kh: 6 g, kJ: 1161, kcal: 277

- **etwa 700 g Lammsteaks aus der Keule**
- **etwa 16 Cocktailtomaten**
- **etwa 16 Pfefferschoten (Teufli mit Fetakäse gefüllt)**

Für die Marinade:

- **4 EL Flüssigkeit (von den Teuflis)**
- **2 EL flüssiger Honig**
- **2 EL Zitronensaft**
- **Salz**
- **frisch gemahlener Pfeffer**

Außerdem:

- **8 Holz- oder Metallspieße**

1 Lammsteaks unter fließendem kalten Wasser abspülen, trockentupfen und in etwa 2½ cm dicke Würfel schneiden. Tomaten waschen und trockentupfen. Pfefferschoten in einem Sieb abtropfen lassen. Die Flüssigkeit dabei auffangen.

2 Für die Marinade Teufli-Flüssigkeit mit Honig, Zitronensaft, Salz und Pfeffer verrühren.

3 Lammwürfel abwechselnd mit den Tomaten und Pfefferschoten auf die Spieße stecken. Die Spieße mit der Marinade bestreichen und etwas durchziehen lassen.

4 Die Spieße auf den heißen Grill legen und unter mehrmaligem Wenden etwa 12 Minuten grillen.

- **Beigabe:**

Mozzarella-Tomatensalat.

Lamm-Gemüse-Spiesse

Foto oben
Zubereitungszeit: 50 Min., ohne Durchziehzeit
Grillzeit: etwa 12 Min.

Pro Portion:
E: 21 g, F: 22 g, Kh: 10 g, kJ: 1430, kcal: 341

- **4 Lammkarrees (je 180 g)**

- **800 g Brokkoli**
- **2 rote oder gelbe Paprikaschoten**

Für die Marinade:

- **8 EL Olivenöl**
- **4 TL flüssiger Honig**
- **etwas Zitronensaft**
- **Salz**
- **frisch gemahlener Pfeffer**
- **gerebelter Thymian**
- **etwas Rosmarin**

Außerdem:

- **8 Holz- oder Metallspieße**

1 Lammkarrees unter fließendem kalten Wasser abspülen, trockentupfen. Jeweils 1 Karree in 4 Stücke schneiden. Lammstücke in eine flache Schale legen.

2 Vom Brokkoli die Blätter entfernen. Den Brokkoli in Röschen teilen. Die Röschen waschen und abtropfen lassen. Brokkoliröschen in kochendem Salzwasser etwa 5 Minuten kochen, in ein Sieb geben und abtropfen lassen.

(Fortsetzung Seite 30)

3 Paprikaschoten halbieren, entstielen, entkernen. Die weißen Scheidewände entfernen, die Schoten waschen und vierteln. Paprikaviertel in Salzwasser 3–4 Minuten kochen, in ein Sieb geben und abtropfen lassen.

4 Für die Marinade Olivenöl, Honig, Zitronensaft, Salz, Pfeffer, Thymian und Rosmarin gut verrühren.

5 Lammstücke, Brokkoliröschen und Paprikaviertel abwechselnd auf die Spieße stecken. Die Spieße mit der Marinade bestreichen und etwas durchziehen lassen.

6 Die Spieße auf den heißen Grill legen und unter ständigem Wenden etwa 12 Minuten grillen.

Lammkoteletts in Zitronenmarinade

Zubereitungszeit: 30 Min., ohne Marinierzeit
Grillzeit: etwa 12 Min.

Pro Portion:
E: 26 g, F: 27 g, Kh: 1 g, kJ: 1559, kcal: 372

- **16 Lammkoteletts (aus der Krone)**

Für die Marinade:

- **2 Knoblauchzehen**
- **4 EL Olivenöl**
- **2 EL Zitronensaft**
- **geriebene Schale von 1 Zitrone (unbehandelt) oder 1 Pck. Finesse Geriebene Zitronenschale**

1 Lammkoteletts unter fließendem kalten Wasser abspülen, trockentupfen und in eine flache Schale legen.

2 Für die Marinade Knoblauch abziehen und durch eine Knoblauchpresse drücken. Knoblauch mit Olivenöl, Zitronensaft und -schale gut verrühren. Die Lammkoteletts damit bestreichen und etwas durchziehen lassen.

3 Die Koteletts auf den heißen, mit Alufolie belegten Grill legen und unter gelegentlichem Wenden etwa 12 Minuten grillen.

Beigabe:
Tsatsiki, Fladenbrot, gemischter Salat mit Schafkäse.

Marinierte Lammkoteletts

Zubereitungszeit: 35 Min., ohne Marinierzeit
Grillzeit: etwa 10 Min.

Pro Portion:
E: 18 g, F: 20 g, Kh: 0,3 g, kJ: 1168, kcal: 278

- **8 Lammkoteletts (je 100 g)**

Für die Marinade:

- **2 Knoblauchzehen**
- **4 EL Olivenöl**
- **etwas Chilipulver**
- **etwas gemahlener Kümmelsamen**
- **Salz**
- **frisch gemahlener Pfeffer**
- **1 TL Kräuter, z. B. Rosmarin, Oregano**
- **1 frischer Zweig Rosmarin**

1 Lammkoteletts unter fließendem kalten Wasser abspülen, trockentupfen und in eine Schale legen.

2 Für die Marinade Knoblauchzehen abziehen und durch eine Knoblauchpresse drücken. Knoblauch mit Olivenöl, Chili, Kümmel, Salz, Pfeffer und Küchenkräutern gut verrühren. Die Lammkoteletts mit der Marinade bestreichen.

3 Rosmarinzweig abspülen, trockentupfen. Die Nadeln von den Stängeln zupfen und auf die Lammkoteletts streuen, zugedeckt am besten über Nacht kalt stellen.

4 Die Koteletts auf den heißen Grillrost legen und unter mehrmaligem Wenden etwa 10 Minuten grillen.

Beigabe:
Halbierte Ofenkartoffeln.

Tsatsiki

Zubereitungszeit: 25 Min., ohne Durchziehzeit

Pro Portion:
E: 3 g, F: 3 g, Kh: 4 g, kJ: 228, kcal: 55

- **600 g Naturjoghurt**
- **Salz**
- **frisch gemahlener, weißer Pfeffer**
- **5 Knoblauchzehen**
- **200 g geraspelte Salatgurke**

1 Ein Küchensieb mit Küchenkrepp auslegen. Joghurt hineingeben und mehrere Stunden darin abtropfen lassen.

2 Joghurt in eine Schüssel geben. Mit Salz und Pfeffer würzen. Knoblauch abziehen und durch eine Knoblauchpresse drücken, zusammen mit der geraspelten Salatgurke unterrühren. Tsatsiki eine Zeit lang durchziehen lassen.

Tipp:
Nach Belieben 1 Esslöffel Olivenöl unterrühren.

Lammsteaks mit Harissa

Zubereitungszeit: 35 Min., ohne Marinierzeit
Grillzeit: etwa 12 Min.

Pro Portion:
E: 18 g, F: 11 g, Kh: 1 g, kJ: 815, kcal: 194

- **4 Lammsteaks aus der Keule (je etwa 180 g)**

Für die Marinade:

- **4 geh. TL (90 g) Harissa (afrikanische Gewürzpaste)**
- **4 EL Sesamöl**
- **frisch gemahlener Pfeffer**
- **1 frischer Thymianzweig**

1 Lammsteaks unter fließendem kalten Wasser abspülen, trockentupfen und waagerecht einmal durchschneiden. Lammsteaks in eine flache Schale legen.

2 Für die Marinade Harissa, Sesamöl und Pfeffer verrühren. Thymian abspülen, trockentupfen. Die Blättchen von den Stängeln zupfen und unterrühren.

3 Die Lammsteaks damit bestreichen und zugedeckt einige Stunden, am besten über Nacht stehen lassen.

4 Die Lammsteaks auf den heißen Grill legen und unter mehrmaligem Wenden etwa 12 Minuten grillen.

Beigabe:
Scharfe Tomatensauce oder Tsatsiki.

Gefüllte Folienkartoffeln

Zubereitungszeit: 50 Min.
Grillzeit: etwa 40 Min.

Pro Portion:
E: 6 g, F: 23 g, Kh: 35 g, kJ: 1594, kcal: 380

- **8–10 große Kartoffeln (je etwa 160 g)**
- **2 große Möhren (je etwa 150 g)**
- **80 g Alfalfa-Sprossen**
- **400 g Schmand**
- **140 g Kräuterbutter**

Außerdem:

- **Alufolie**

1 Die Kartoffeln gründlich waschen und bürsten. Kartoffeln einzeln in Alufolie wickeln.

2 Die Kartoffeln auf den heißen Grill legen und unter gelegentlichem Wenden etwa 40 Minuten grillen.

3 Die Möhren putzen, schälen, waschen und grob raspeln. Sprossen waschen und in einem Sieb abtropfen lassen. Den Schmand glatt rühren.

4 Kartoffeln aus der Alufolie nehmen, aufbrechen und jeweils 2 Esslöffel von dem Schmand hineingeben. Möhrenraspel und Alfalfa-Sprossen darauf streuen. Die Kräuterbutter mit einem Buntmesser in

(Fortsetzung Seite 36)

8 Scheiben schneiden und jeweils 2 Scheiben auf je 1 gefüllte Kartoffel legen.

Beilage:
frischer Salat und Gemüse.

Tipp:
Schneller geht es, wenn die Kartoffeln in kochendem Salzwasser etwa 20 Minuten vorgegart werden. Dann Kartoffeln abgießen, trockentupfen, in Alufolie wickeln und etwa 20 Minuten grillen.

Putensteaks mit frischer, gegrillter Ananas

Zubereitungszeit: 45 Min., ohne Marinierzeit
Grillzeit: 10–15 Min.

Pro Portion:
E: 47 g, F: 7 g, Kh: 14 g, kJ: 1418, kcal: 339

Für die Marinade:
- **4 EL Sojasauce**
- **1 EL brauner Zucker oder Streuzucker**
- **4 EL Speiseöl**

- **10 Putensteaks (je etwa 130–150 g)**
- **10 Scheiben frische Ananas (je etwa 80 g)**
- **frisch gemahlener, grober, bunter Pfeffer**

1 Für die Marinade Sojasauce mit Zucker und Speiseöl so lange verrühren, bis der Zucker aufgelöst ist.

2 Putensteaks unter fließendem kalten Wasser abspülen und trockentupfen. Putensteaks und Ananasscheiben in eine flache Schale legen und mit Pfeffer bestreuen. Die Marinade mit einem Pinsel gleichmäßig darauf streichen. Die Putensteaks und Ananasscheiben mit Klarsichtfolie zugedeckt im Kühlschrank über Nacht durchziehen lassen. Evtl. die Putensteaks und Ananasscheiben nach einigen Stunden wenden.

3 Die Putensteaks und Ananasscheiben auf den heißen Grill legen und unter mehrmaligem Wenden 10–15 Minuten grillen.

Tipp:
Zu diesem Gericht passt ein Reissalat, der mit Curry-Mayonnaise, Salz und Pfeffer gewürzt und mit Rosinen angereichert wurde.

Hähnchenbrustfilet, gegrillt nach Mediterraner Art

Zubereitungszeit:
etwa 45 Min.
Grillzeit: 10–15 Min.

Pro Portion:
E: 47 g, F: 11 g, Kh: 1 g,
kJ: 1210, kcal: 289

Für die Marinade:

- **1 kleiner Topf frisches Basilikum**
- **1 Glas grüne Oliven, ohne Stein (Abtropfgewicht 90 g)**
- **6 Sardellenfilets**
- **1 kleine, getrocknete Peperoni**
- **6 EL Olivenöl**

- **10 Hähnchenbrustfilets (je 130–150 g)**

Zum Bestreuen:

- **frisch gemahlener, bunter Pfeffer**

1 Für die Marinade Basilikum waschen und trockentupfen. Die Blättchen von den Stängeln zupfen.

2 Oliven in einem Sieb abtropfen lassen. Oliven, Sardellenfilets und Peperoni fein hacken und in eine Schüssel geben. Olivenöl und Basilikumblättchen hinzufügen. Die Zutaten gut miteinander verrühren.

3 Hähnchenbrustfilets unter fließendem kalten Wasser abspülen, trockentupfen und auf den heißen Grillrost legen und von beiden Seiten 10–15 Minuten grillen.

4 Die Hähnchenbrustfilets mit Pfeffer bestreuen und die Oberseite mit der Marinade bestreichen.

Tipp:
Die Hähnchenbrustfilets können schon am Vortag mariniert werden. Dazu trockengetupfte Filets in eine flache Schale legen, mit buntem Pfeffer bestreuen und mit der Marinade bestreichen. Die Filets mit Klarsichtfolie zugedeckt im Kühlschrank aufbewahren.

Geflügelleber in der Speckhülle

Zubereitungszeit: 65 Min., ohne Marinierzeit
Grillzeit: etwa 10 Min.

Pro Portion:
E: 9 g, F: 79 g, Kh: 1 g, kJ: 4412, kcal: 1054

- **40 Stück (etwa 1,5 kg) Geflügelleber**
- **40 Scheiben Bacon (Frühstücksspeck, je etwa 20 g)**

Für die Marinade:

- **1 Glas grüne Oliven, ohne Stein (Abtropfgewicht 90 g)**
- **1 TL gemahlener Kümmelsamen**
- **1 TL Paprika, edelsüß**
- **100 ml Olivenöl**

Zum Bestreuen:

- **frisch gemahlener, grober, bunter Pfeffer**

Außerdem:

- **10 Holz- oder Metallspieße**

1 Geflügelleber unter fließendem kalten Wasser abspülen und trockentupfen. Jeweils ein Stück Geflügelleber mit je einer Scheibe Frühstücksspeck umwickeln und auf die Spieße stecken (Je Spieß und Portion 4 Stück).

2 Für die Marinade Oliven in einem Sieb abtropfen lassen. Oliven sehr klein schneiden oder mit einem Mixstab pürieren, mit Kümmel und Paprika mischen. Olivenöl unterrühren.

3 Die Geflügelleberspieße in eine flache Schale legen und mit Pfeffer bestreuen. Die Marinade auf den Spießen verteilen. Mit Klarsichtfolie zugedeckt im Kühlschrank über Nacht durchziehen lassen.

4 Die Geflügelleberspieße aus der Marinade nehmen und auf Küchenpapier abtropfen lassen. Die Spieße auf den heißen Grill legen und unter gelegentlichem Wenden etwa 10 Minuten grillen.

Beilage:
Beliebige Salate, rustikale Brotsorten und Folienkartoffeln.

Spiesse mit Hähnchenherzen

Zubereitungszeit: 50 Min.
Garzeit: etwa 20 Min.
Grillzeit: etwa 5 Min.

Pro Portion:
E: 29 g, F: 15 g, Kh: 6 g,
kJ: 1265, kcal: 303

- **1,2 kg Hähnchenherzen**

- **500 ml (1/2 l) Fleischbrühe**
- **1 EL Sambal Oelek**
- **5 EL Sojasauce**
- **3 EL Sojaöl**
- **5 EL Reiswein**
- **2 EL flüssiger Honig**
- **1 TL Salz**
- **1 Sternanis**

- **1 Bund Frühlingszwiebeln**

Außerdem:
- **8–10 Holz- oder Metallspieße**

1 Hähnchenherzen evtl. von Sehnen und Fett befreien. Hähnchenherzen unter fließendem kalten Wasser abspülen und trockentupfen.

2 Fleischbrühe mit den Hähnchenherzen in einem Topf zum Kochen bringen. Sambal Oelek, Sojasauce, Sojaöl, Reiswein, Honig, Salz und Sternanis hineingeben. Zugedeckt etwas 20 Minuten bei schwacher Hitze köcheln lassen. Herzen mit einem Schaumlöffel herausnehmen.

3 Die Flüssigkeit bei starker Hitze ohne Deckel so lange einkochen lassen, bis nur noch eine Glasur vorhanden ist. Die Herzen mit der Glasur bestreichen.

4 Frühlingszwiebeln putzen, waschen, trockentupfen und schräg in etwa 2 cm lange Stücke schneiden. Hähnchenherzen abwechselnd mit Frühlingszwiebelstücken auf Holz- oder Metallspieße stecken.

5 Die Spieße auf dem heißen Grill unter mehrmaligem Wenden etwa 5 Minuten grillen.

Tipp:
Servieren Sie die Spieße mit Baguette oder Folienkartoffeln und einem frischen, bunten Salat.

Glasierte Hähnchenflügel

Foto oben
Zubereitungszeit: 30 Min., ohne Marinierzeit
Grillzeit: 15–20 Min.

Pro Portion:
E: 20 g, F: 12 g, Kh: 7 g, kJ: 891, kcal: 213

- **etwa 40 Stck. Hähnchenflügel**

Für die Marinade:

- **4 TL Sojasauce**
- **4 EL flüssiger Honig**
- **1 TL gemahlener Ingwer**
- **2 TL Chili-Pfeffer**
- **Salz, Pfeffer**
- **gemahlener Koriander**
- **etwas Weißwein-Essig oder Zitronensaft**

Außerdem:

- **Alu-Grillschalen**

1 Hähnchenflügel unter fließendem kalten Wasser abspülen, trockentupfen und in eine flache Schale legen.

2 Für die Marinade Sojasauce, Honig, Ingwer, Chili-Pfeffer, Salz, Pfeffer, Koriander und Essig oder Zitronensaft gut verrühren. Die Hähnchenflügel damit bestreichen und etwas durchziehen lassen.

3 Die Hähnchenflügel in die Grillschalen legen und auf dem heißen Grill unter mehrmaligem Wenden 15–20 Minuten grillen. Die Hähnchenflügel während des Grillens häufig mit der Marinade bestreichen.

Hähnchenkeulen, feurig

Foto unten
Zubereitungszeit: 35 Min., ohne Marinier- und Ruhezeit
Grillzeit: etwa 30 Min.

Pro Portion:
E: 33 g, F: 29 g, Kh: 3 g, kJ: 1707, kcal: 408

- **8 Hähnchenkeulen (je 180 g)**

Für die Marinade:

- **12 EL Thai-Chilisauce, scharf und süß**
- **2 TL Rosmarinnadeln**
- **etwas gemahlener Ingwer**

Außerdem:

- **Alufolie**

1 Hähnchenkeulen unter fließendem kalten Wasser abspülen, trockentupfen und in eine flache Schale legen.

2 Für die Marinade Chilisauce mit Rosmarinnadeln und Ingwer verrühren. Die Hähnchenkeulen damit bestreichen. Zugedeckt 2–3 Stunden duchziehen lassen.

3 Jeweils 1 Hähnchenkeule auf je ein Stück Alufolie legen. Hähnchenkeule mit etwas von der Marinade übergießen und in der Alufolie einpacken.

4 Die Hähnchenkeulen-Päckchen auf den heißen Grill legen und unter gelegentlichem Wenden etwa 30 Minuten grillen. Die Hähnchenkeulen in der Alufolie eine Zeit lang ruhen lassen. Dann die Folie öffnen und die Hähnchenkeulen herausnehmen.

- **Beigabe:**

Fladenbrot und Eisbergsalat.

Hähnchenbrustfilet in Joghurt-Marinade

Zubereitungszeit: 45 Min., ohne Marinierzeit
Grillzeit: 15–20 Min.

Pro Portion:
E: 1 g, F: 1 g, Kh: 2 g, kJ: 86, kcal: 21

- **8 kleine Hähnchenbrustfilets**

Für die Joghurt-Marinade:

- **1 Becher (150 g) Naturjoghurt**
- **Salz**
- **frisch gemahlener Pfeffer**
- **etwas gemahlener Koriander**
- **1 TL Currypulver**
- **2 Knoblauchzehen**
- **2 rote Chilischoten**
- **1 EL Reiswein**

Außerdem:

- **Alu-Grillschale**

1 Hähnchenbrustfilets unter fließendem kalten Wasser abspülen, trockentupfen und in eine flache Schale legen.

2 Für die Marinade Joghurt mit Salz, Pfeffer, Koriander und Curry verrühren. Knoblauch abziehen und durch eine Knoblauchpresse drücken. Chilischoten putzen, halbieren, entkernen und in Streifen schneiden. Chilistreifen, Knoblauch und Reiswein unter den Joghurt rühren.

3 Die Hähnchenbrustfilets mit der Marinade bestreichen und zugedeckt über Nacht kalt stellen.

4 Die Hähnchenbrustfilets aus der Schale nehmen und in eine Grillschale legen. Die Grillschale auf den heißen Grill stellen. Die Hähnchenbrustfilets unter mehrmaligem Wenden 15–20 Minuten grillen.

Beigabe:
Ofenkartoffeln, Curry- oder Chilisauce.

Zwiebel-Hähnchen-Spiesse

Foto unten
Zubereitungszeit: 55 Min., ohne Marinierzeit
Grillzeit: etwa 15 Min.

Pro Portion: E: 21 g, F: 3 g, Kh: 11 g, kJ: 668, kcal: 159

Zum Vorbereiten:
- **32 kleine Zwiebeln**
- **1 EL Kurkuma**

- **4 Hähnchenbrustfilets (je 160 g)**

Für die Marinade:
- **2 EL flüssiger Honig**
- **2 EL Sojasauce**
- **2 EL Orangensaft**
- **1 Pck. Finesse Orangenfrucht**
- **etwas Currypulver**
- **2 EL Speiseöl**

Außerdem:
- **8 Holz- oder Metallspieße**
- **Alu-Grillschale**

1 Zum Vorbereiten Zwiebeln abziehen. Zwiebeln mit Kurkuma in kochendem Salzwasser etwa 20 Minuten kochen lassen, bis sie weich sind.

2 Hähnchenbrustfilets unter fließendem kalten Wasser abspülen, trockentupfen und in 2 1/2 cm große Würfel schneiden.

3 Für die Marinade Honig mit Sojasauce, Orangensaft und -frucht, Curry und Speiseöl verrühren.

4 Abwechselnd Hähnchenbrustfiletwürfel und Zwiebeln auf die Spieße stecken. Die Spieße in eine flache Schale legen und mit der Marinade bestreichen. Zugedeckt einige Stunden durchziehen lassen.

5 Die Spieße in die Grillschale legen. Die Grillschale auf den heißen Grill stellen. Die Spieße unter mehrmaligem Wenden etwa 15 Minuten grillen. Während der Grillens mehrfach mit der Marinade bestreichen.

Bunte Hähnchenspiesse

Foto oben
Zubereitungszeit: 50 Min.
Grillzeit: 12–15 Min.

Pro Portion: E: 21 g, F: 3 g, Kh: 2 g, kJ: 530, kcal: 127

- **4 Hähnchenbrustfilets (je 160 g)**

- **etwa 400 g Brokkoli**
- **Salzwasser**

- **2 gelbe Paprikaschoten**
- **Salzwasser**

Für die Marinade:
- **2 EL Speiseöl**
- **2 EL Sojasauce**
- **1 TL Chilipulver**
- **etwas Zitronensaft**
- **etwas gemahlener Ingwer**

Außerdem:
- **8 Holz- oder Metallspieße**
- **Alu-Grillschale oder -folie**

1 Hähnchenbrustfilets unter fließendem kalten Wasser abspülen, trockentupfen und in 2 1/2 cm große Stücke schneiden.

2 Vom Brokkoli die Blätter entfernen. Den Brokkoli in Röschen

(Fortsetzung Seite 50)

teilen. Die Röschen waschen und abtropfen lassen. Brokkoliröschen in kochendem Salzwasser etwa 5 Minuten kochen lassen, in ein Sieb geben und abtropfen lassen.

3 Paprikaschoten halbieren, entstielen, entkernen, die weißen Scheidewände entfernen. Schoten waschen und in Stücke schneiden. Paprikastücke in kochendem Salzwasser 3–5 Minuten kochen lassen, in ein Sieb geben und abtropfen lassen.

4 Abwechselnd Hähnchenbrustfiletstücke, Brokkoliröschen und Paprikastücke auf die Spieße stecken.

5 Für die Marinade Speiseöl, Sojasauce, Chili, Zitronensaft und Ingwer verrühren, die Spieße damit bestreichen. In eine Grillschale oder auf ein Stück Alufolie legen.

6 Die Spieße in der Grillschale oder mit der Alufolie auf den heißen Grill legen und unter mehrmaligem Wenden 12–15 Minuten grillen.

■ **Beigabe:** Curry- oder Chilisauce.

Geflügel Kebab

Zubereitungszeit: 90 Min.
Grillzeit: etwa 15 Min.

Pro Portion:
E: 49 g, F: 8 g, Kh: 6 g,
kJ: 1262, kcal: 302

- **1,5 kg Geflügelhackfleisch (beim Metzger vorbestellen)**
- **1 Becher (150 g) Naturjoghurt**
- **1 EL geriebener Meerrettich**
- **1 EL mittelscharfer Senf**
- **3 Eier (Größe M)**
- **Salz, Pfeffer**
- **9 mittelgroße Zwiebeln (etwa 600 g)**

Zum Beträufeln:

- **3 EL Speiseöl**

Außerdem:

- **10 Holz- oder Metallspieße**

1 Geflügelhackfleisch mit Joghurt, Meerrettich, Senf und den Eiern vermengen. Mit Salz und Pfeffer kräftig würzen.

2 Aus der Masse mit nassen Händen etwa 40 Bällchen formen.

3 Zwiebeln abziehen und vierteln.

4 Fleischbällchen und Zwiebelviertel abwechselnd auf Spieße stecken (je Spieß 4 Fleischbällchen und 3 Zwiebelviertel).

■ **Beigabe:**
Servieren Sie die Spieße mit einem Dip, z. B. Cocktailsauce, die mit Meerrettich verfeinert ist oder einem Kräuterquark, unter den man noch frisch gepressten Knoblauch rührt.

5 Die Spieße in eine flache Schale legen und mit Öl beträufeln. Spieße mit Klarsichtfolie zugedeckt im Kühlschrank aufbewahren.

6 Die Geflügelspieße auf dem heißen Grill unter mehrmaligem Wenden etwa 15 Minuten grillen.

■ **Tipp:**
Falls die Stäbe des Grillrostes zu große Abstände haben, den Rost mit einem Bogen Alufolie belegen, diesen mit Öl bestreichen. Die Folie mit einer Fleischgabel mehrere Male einstechen. Statt Geflügelhackfleisch kann auch Lammfleisch verwendet werden. Falls die Fleischmasse zu weich ist, etwa 40 g Semmelbrösel unterkneten.

Hähnchenstücke, in Soja und Mango mariniert

Zubereitungszeit: 75 Min., ohne Marinierzeit
Grillzeit: etwa 10 Min.

Pro Portion:
E: 40 g, F: 10 g, Kh: 4 g, kJ: 1152, kcal: 275

- **5 Hähnchenkeulen (je etwa 150 g)**
- **6 Hähnchenbrustfilets (je etwa 140 g)**

Für die Marinade:
- **1 kleines Glas Mango Chutney (Einwaage 80–100 g)**
- **6 EL Nuss- oder Speiseöl**
- **3 EL Sojasauce**
- **1 Bund oder Topf frischer Koriander oder 1 gestr. TL gemahlener Koriander**

Zum Bestreuen:
- **frisch gemahlener Pfeffer**

1 Hähnchenkeulen und Hähnchenbrustfilets unter fließendem kalten Wasser abspülen und trockentupfen. Hähnchenkeulen im Gelenk halbieren. Hähnchenbrustfilets mit einem scharfen Messer in drei etwa gleich große Stücke schneiden. Das Hähnchenfleisch in eine flache Schale legen.

2 Für die Marinade Mango Chutney, Nuss- oder Speiseöl und Sojasauce gut verrühren. Koriander abspülen, trockentupfen, fein hacken und unterrühren.

3 Das Hähnchenfleisch mit Pfeffer bestreuen. Die Marinade darauf verteilen. Mit Klarsichtfolie zugedeckt im Kühlschrank über Nacht durchziehen lassen.

4 Das Hähnchenfleisch auf den heißen Grill legen und unter gelegentlichem Wenden etwa 10 Minuten grillen.

Beigabe:

Servieren Sie das gegrillte Hähnchenfleisch mit einem Gurkensalat in Joghurt-Minze. Dafür 3 Salatgurken waschen, längs halbieren, mit einem Teelöffel das Kerngehäuse entfernen. Die Enden der Gurkenhälften abschneiden und ebenfalls entfernen. Die Gurkenstücke in dickere Scheiben schneiden, mit Salz und frisch gemahlenem Pfeffer würzen. 2 Becher (je 150 g) Naturjoghurt unterrühren. 1 Bund Minze abspülen, trockentupfen, fein hacken und zum Salat geben. Den Gurkensalat zugedeckt im Kühlschrank etwa 1 Stunde durchziehen lassen. Die Gurkenstücke können auch auf dem Gemüsehobel zerteilt werden.

Krävtergarnelen

Zubereitungszeit: 25 Min., ohne Marinierzeit
Grillzeit: 5–6 Min.

Pro Portion:
E: 74 g, F: 19 g, Kh: 6 g, kJ: 2292, kcal: 546

- **etwa 40 große Garnelenschwänze (je etwa 80 g, mit Schale)**

Für die Marinade:

- **100 ml Olivenöl**
- **1–2 EL Cognac**
- **2 EL frische, gehackte Kräuter, z. B. Estragon, Basilikum, Kerbel oder glatte Petersilie**
- **grobes Meersalz**
- **frisch gemahlener Pfeffer**
- **Cayennepfeffer**

1 Von den Garnelenschwänzen die Schale entfernen, am Rücken einschneiden und den Darm entfernen. Garnelen kalt abspülen, trockentupfen und in eine flache Schale legen.

2 Für die Marinade Olivenöl mit Cognac, Kräutern, Meersalz, Pfeffer und Cayennepfeffer verrühren. Die Garnelen damit bestreichen und zugedeckt etwa 1 Stunde durchziehen lassen.

3 Die Garnelen aus der Schale nehmen und auf den heißen, mit Alufolie belegten Grill legen. Die Garnelen unter gelegentlichem Wenden 5–6 Minuten grillen. Während des Grillens mit der Marinade bestreichen.

Rucola-Frischkäse-Püree

Zubereitungszeit: 10 Min., ohne Abkühlzeit

Pro Portion:
E: 9 g, F: 23 g, Kh: 5 g, kJ: 1139, kcal: 272

- **4 Bund Rucola**
- **400 g Doppelrahm-Frischkäse**
- **10 EL Sojasauce**
- **2 Knoblauchzehen**
- **2 EL Mohnsamen oder Sonnenblumenkerne**
- **4 EL Olivenöl**

1 Rucola putzen, waschen und in einem Sieb abtropfen lassen. Einige Blätter Rucola beiseite legen, restlichen Rucola in feine Streifen schneiden.

2 Frischkäse und Sojasauce mit Rucola verrühren. Knoblauch abziehen und fein hacken.

3 Olivenöl in einer Pfanne erhitzen. Knoblauch, Mohn oder Sonnenblumenkerne hinzufügen und unter Rühren hellbraun rösten, abkühlen lassen.

4 Rucolacreme in einem Schälchen mit den beiseite gelegten Rucolablättern anrichten und mit dem Knoblauch-Mohn bestreuen.

Tipp:
Rucola-Frischkäse-Püree schmeckt gut zu Rind oder Kalb, aber auch zu Gemüse oder Fisch.

Langostinos mit Sherrysauce

Zubereitungszeit: 50 Min.
Grillzeit: etwa 8 Min.

Pro Portion:
E: 89 g, F: 9 g, Kh: 2 g,
kJ: 569, kcal: 136

- **500 g frische Langostinos mit Schale oder 350 g TK-Langostinos**

Für die Sherrysauce:
- **125 ml (1/8 l) Schlagsahne**
- **1 geh. TL Sahnesteif**
- **2 geh. EL Mayonnaise (aus der Tube)**
- **3 EL Sherry**
- **Salz**
- **frisch gemahlener Pfeffer**
- **Zucker**
- **Zitronensaft**

- **30 g weiche Butter**

1 Das Fleisch der frischen Langostinos auslösen (Darm herausziehen), unter fließendem kalten Wasser abspülen und trockentupfen. TK-Langostinos nach Packungsanleitung auftauen und trockentupfen.

2 Für die Sauce Sahne mit Sahnesteif steif schlagen. Mayonnaise und Sherry vorsichtig unterschlagen. Die Sauce mit Salz, Pfeffer, Zucker und Zitronensaft würzen.

3 Die Langostinos auf den heißen, mit Alufolie belegten Grill legen. Langostinos mit der Hälfte der Butter bestreichen und unter mehrmaligem Wenden etwa 8 Minuten grillen. Die Langostinos nach etwa 2½ Minuten Grillzeit mit der restlichen Butter bestreichen.

4 Die Langostinos mit der Sauce servieren.

Knusprige Grillfische

Zubereitungszeit: 45 Min.
Grillzeit: 15–20 Min.

Pro Portion:
E: 91 g, F: 60 g, Kh: 1 g,
kJ: 4108, kcal: 981

- **5 küchenfertige Forellen**
- **5 küchenfertige Makrelen**
- **Salz**
- **frisch gemahlener Pfeffer**
- **1 Zitrone (unbehandelt)**
- **10 Estragonzweige**
- **10 Petersilienstängel**
- **10 Lorbeerblätter**

Für die Marinade:

- **4 Knoblauchzehen**
- **3 Lorbeerblätter**
- **200 ml Speiseöl**
- **2 TL Kräuter der Provence**

Außerdem:

- **2 Grillkörbe**

1 Forellen und Makrelen unter fließendem kalten Wasser von innen und außen abspülen, trockentupfen, innen mit Salz und Pfeffer einreiben.

2 Zitrone in 10 dünne Spalten schneiden. Estragon und Petersilie abspülen und trockentupfen.

3 Die Forellen und Makrelen mit je 1 Zitronenspalte, 1 Estragonzweig, 1 Petersilienstängel und 1 Lorbeerblatt füllen.

4 Für die Marinade Knoblauch abziehen, fein hacken und durch eine Knoblauchpresse drücken. Lorbeerblätter fein zerbröseln und mit dem Speiseöl verrühren. Knoblauch hinzufügen und mit Kräutern der Provence würzen. Die Forellen und Makrelen mit der Marinade bestreichen.

5 Forellen und Makrelen in je einen Grillkorb legen. Die Grillkörbe auf den heißen Grill legen. Die Forellen und Makrelen unter mehrmaligem Wenden 15–20 Minuten grillen. Während des Grillens mehrfach mit der Marinade bestreichen.

Beigabe :
Gemischten Paprikasalat dazu servieren.

Tipp:
Falls keine Grillkörbe vorhanden sind, können Sie die marinierten Fische auch auf den heißen, mit Alufolie belegten Grill legen.

Lachsforelle „Seattle"

Zubereitungszeit: 35 Min., ohne Gefrierzeit
Grillzeit: etwa 30 Min.

Pro Portion:
E: 70 g, F: 40 g, Kh: 4 g, kJ: 2945, kcal: 704

- **250 g Schollenfilet**
- **4 mittelgroße Lachsforellen (je 800 g)**
- **Salz**
- **frisch gemahlener Pfeffer**
- **4 EL Zitronensaft**
- **150 g geröstete Sonnenblumenkerne**
- **2 Bund Dill**
- **2 Eigelb**
- **250 g Crème fraîche**

Zum Bestreichen:

- **8 EL Speiseöl**

1 Schollenfilet kurz anfrieren lassen. Die Lachsforellen beim Fischhändler vom Bauch her ausnehmen und küchenfertig zubereiten lassen.

2 Lachsforellen von innen und außen unter fließendem kalten Wasser abspülen und trockentupfen. Lachsforellen innen und außen mit Salz und Pfeffer würzen. Mit Zitronensaft beträufeln.

3 Angefrorenes Schollenfilet und Sonnenblumenkerne fein hacken. Dill abspülen, trockentupfen und fein schneiden.

4 Schollenfilet, Sonnenblumenkerne und Dill mit Eigelb und Crème fraîche gut vermischen. Mit Salz, Pfeffer und Zitronensaft würzen. Die Masse in die vorbereiteten Lachsforellen füllen.

5 Die gefüllten Lachsforellen mit Holzstäbchen verschließen und mit Speiseöl bestreichen. Dann in spezielle Fischgrillgitter oder auf Alufolie legen.

6 Die Lachsforellen im Grillkorb oder auf Alufolie auf den heißen Grill legen und unter gelegentlichem Wenden etwa 30 Minuten grillen. Während des Grillens mehrfach mit Speiseöl bestreichen.

Beigabe:
Baked Potatoes (gebackene Kartoffeln) mit Sonnenblumenkern-Dip und gefüllten Champignons.

Tipp:
Anstelle der großen Forellen können auch 8 kleine Forellen zubereitet werden. Die Grillzeit der kleinen Forellen beträgt etwa 20 Minuten.

Fisch am Spiess mit Salsa

Zubereitungszeit: 65 Min.
Grillzeit: 10–15 Min.

Pro Portion:
E: 39 g, F: 24 g, Kh: 7 g,
kJ: 1796, kcal: 429

- **4 Schwertfischfilets (je 180 g)**
- **4 Tunfischsteaks (je 180 g)**
- **2 Zucchini (je 300 g)**
- **2 grüne Paprikaschoten**

- **8 EL Olivenöl**
- **Salz**
- **frisch gemahlener Pfeffer**

Für die Salsa:
- **6 Strauchtomaten**
- **2 Zwiebeln**
- **2 Knoblauchzehen**
- **2 Chilischoten**
- **4 EL Weißweinessig**
- **Saft von 2 Zitronen**
- **1 Bund fein gehackter Koriander oder 1 TL getrockneter Koriander**
- **Salz**
- **frisch gemahlener Pfeffer**

Zum Garnieren:
- **2 Zitronen (unbehandelt)**

Außerdem:
- **10 Holz- oder Metallspieße**
- **Alu-Grillschale**

1 Schwert- und Tunfisch unter fließendem kalten Wasser abspülen, trockentupfen und in 2½ cm große Stücke schneiden, evtl. Gräten entfernen. Zucchini waschen, abtrocknen, die Enden abschneiden. Zucchini längs halbieren und in 4 cm lange Stücke schneiden.

2 Paprikaschoten halbieren, entstielen, entkernen, die weißen Scheidewände entfernen, Schoten waschen und in große Stücke schneiden.

3 Abwechselnd Schwert- und Tunfischwürfel, Zucchini- und Paprikastücke auf die Holz- oder Metallspieße stecken. Olivenöl mit Salz und Pfeffer verrühren. Die Spieße damit bestreichen.

4 Die Spieße in eine Alu-Grillschale legen. Die Grillschale auf den heißen Grill stellen. Die Spieße unter mehrmaligem Wenden 10–15 Minuten grillen.

5 Für die Salsa Tomaten waschen, abtrocknen, die Stängelansätze herausschneiden. Zwiebeln und Knoblauch abziehen, Chilischoten waschen, trockentupfen und entkernen. Tomaten, Zwiebeln, Knoblauch und Chilischoten in Würfel schneiden und pürieren. Essig und Zitronensaft hinzugeben. Koriander unterrühren. Mit Salz und Pfeffer würzen.

6 Zum Garnieren Zitronen waschen, abtrocknen und in Viertel schneiden. Die Fisch-Spieße auf ovalen Platten anrichten, mit den Zitronenvierteln garnieren und mit Salsa servieren.

Tipp:
Wenn die Paprikastücke nicht so bissfest sein sollen, dann Paprikastücke in Salzwasser etwa 5 Minuten garen, abtropfen lassen und auf die Spieße stecken.

Gegrillte Kabeljaufilet-Stücke

Zubereitungszeit: 60 Min., ohne Auftau- und Durchziehzeit
Grillzeit: 10–12 Min.

Pro Portion:
E: 36 g, F: 5 g, Kh: 1 g, kJ: 979, kcal: 234

- **4 Pck. TK-Kabeljaufilet (je Pck. 400 g)**
- **300 ml trockener Weißwein, z. B. Riesling**
- **2 Pck. TK-Kräuter der Provence**
- **3 EL Pflanzenöl**
- **Saft von 1 Zitrone**
- **Salz**
- **frisch gemahlener Pfeffer**

Außerdem:
- **10 Bögen Alufolie**

1 Kabeljaufilet nach Packungsanleitung auftauen lassen. Filets unter fließendem kalten Wasser abspülen und trockentupfen.

2 Weißwein mit Kräutern und Pflanzenöl mischen, in einem Topf zum Kochen bringen und erkalten lassen.

3 Kabeljaufilets in eine flache Schale legen. Den Weißweinsud mit Zitronensaft, Salz und Pfeffer würzen. Den Sud auf den Fischfiletstücken verteilen und zugedeckt im Kühlschrank durchziehen lassen.

4 Die Fischfiletstücke aus dem Sud nehmen. Je ein Stück Fischfilet in je einen Bogen Alufolie wickeln. Die Fischpäckchen auf den heißen Grill legen und 10–12 Minuten grillen.

5 Restlichen Sud in einen kleinen Topf geben, zum Kochen bringen und etwa um die Hälfte einkochen lassen. Den gegrillten Fisch damit beträufeln.

Beigabe:
Kartoffelsalat mit Radieschen und Schnittlauch.

Scharfe Senf-Dill-Sauce

Zubereitungszeit: 10 Min.

Pro Portion:
E: 3 g, F: 1 g, Kh: 17 g, kJ: 369 , kcal: 88

- **12 EL mittelscharfer Senf**
- **8 EL flüssiger Honig**
- **6 EL Sojasauce**
- **3–4 EL frischer, gehackter Dill**
- **etwas Zucker**

1 Senf mit Honig, Sojasauce, Dill und Zucker verrühren.

Tipp:
Senf-Dill-Sauce passt besonders gut zu gegrilltem und gebratenem Fischfilet und Meeresfrüchten, sowie zu Graved Lachs.

Lachsschnitten mit Dill und Gurken-Tomaten-Salat

Zubereitungszeit: 65 Min., ohne Antau- und Durchziehzeit
Grillzeit: etwa 15 Min.

Pro Portion:
E: 31 g, F: 11 g, Kh: 4 g, kJ: 1868, kcal: 447

Zum Vorbereiten:
- **10 Bögen Alufolie**
- **2 EL Speiseöl**

- **5 Pck. TK-Lachsfilet (je 250 g, 2 Filets je Pck.)**
- **Salz**
- **frisch gemahlener Pfeffer**
- **2 Pck. gehackter TK-Dill**
- **1 Zitrone (unbehandelt)**

Für den Gurken-Tomaten-Salat:
- **5 Tomaten (etwa 700 g)**
- **1 Salatgurke (etwa 800 g)**
- **3–4 EL Kräuteressig**
- **5 EL Pflanzenöl**
- **Salz**
- **frisch gemahlener Pfeffer**

1 Zum Vorbereiten Alufolie auf einer Seite mit Öl bestreichen.

2 Lachsfilets antauen lassen.

3 Lachsfilets salzen und pfeffern. Je ein Stück Lachsfilet auf je einen gefetteten Bogen Alufolie legen.

4 Lachsfilets mit zwei Drittel von dem Dill bestreuen. Zitrone abwaschen, trockentupfen und in Scheiben schneiden. Jedes Lachsfiletstück mit je einer Zitronenscheibe belegen, in der Alufolie einpacken.

5 Für den Salat Tomaten waschen, abtrocknen, die Stängelansätze herausschneiden. Tomaten vierteln. Gurke schälen, in dünne Scheiben schneiden oder hobeln. Essig mit Salz und Pfeffer würzen und mit Öl verrühren. Die Gurkenscheiben und Tomatenviertel mit der Marinade vermischen und mit dem restlichen Dill bestreuen. Den Salat zugedeckt im Kühlschrank etwa 1 Stunde durchziehen lassen.

6 Die Lachsfilet-Päckchen auf den heißen Grill legen und unter gelegentlichem Wenden etwa 15 Minuten grillen.

Heilbutt mit Gemüse, in Folie

Zubereitungszeit: 55 Min.
Grillzeit: etwa 25 Min.

Pro Portion:
E: 52 g, F: 18 g, Kh: 5 g,
kJ: 1788, kcal: 426

- **8 Stck. (je 250 g) frische Heilbuttfilets**

- **500 g Möhren**
- **300 g Knollensellerie**
- **2 Stangen Porree (Lauch)**
- **120 g Butter**
- **1 TL Salz**
- **etwas Zitronensaft und -schale**
- **frisch gemahlener Pfeffer**

Außerdem:
- **4 Bögen Alufolie**

1 Heilbuttfilets kurz unter fließendem kalten Wasser abspülen und trockentupfen.

2 Möhren und Sellerie putzen, schälen und in sehr kleine Würfel schneiden. Porree putzen, die Stangen längs halbieren, gut waschen und in Streifen schneiden.

3 Butter in einem Topf zerlassen. Möhren-, Selleriewürfel und Porreestreifen darin andünsten. Mit Salz, Zitronensaft und -schale würzen.

4 Jeweils etwas von dem Gemüse auf je ein Stück Alufolie geben. Je ein Stück Heilbuttfilet darauf legen. Mit Salz und Pfeffer bestreuen. Heilbuttfilet und Gemüse in der Alufolie fest verschließen.

5 Die Gemüse-Heilbuttfilet-Päckchen auf den heißen Grill legen und etwa 25 Minuten grillen.

6 Die Heilbutt-Päckchen öffnen und in der Folie servieren.

Barsch vom Grill, exotisch

Zubereitungszeit: 35 Min., ohne Marinierzeit
Grillzeit: 16–20 Min.

Pro Portion:
E: 37 g, F: 18 g, Kh: 5 g, kJ: 1501, kcal: 358

- **4 mittelgroße, küchenfertige Barsche (je 800 g), z. B. Rotbarsch oder Flussbarsch**

Für die Marinade:

- **4 EL Sambal Oelek**
- **Saft von 2 Zitronen**
- **8 EL Fischfond**
- **8 EL Austernsauce**

Für die Füllung:

- **8 Zitronengrasstängel**
- **8–16 Scheiben Knoblauchbutter**

Zum Garnieren:

- **Rhabarber- oder Bananenblätter**
- **Chilischoten**
- **Limettenspalten**
- **Korianderblättchen**
- **8 Scheiben Kräuterbutter**

Zum Bestreuen:

- **2 EL frisch gehackter Koriander**

1 Fisch unter fließendem kalten Wasser gut von innen und außen abspülen, trockentupfen und auf jeder Seite mit einem scharfen Messer dekorativ etwa 2 cm tief einschneiden. Die Barsche in eine flache, große Schale legen.

2 Für die Marinade Sambal Oelek mit Zitronensaft, Fischfond und der Austernsauce verrühren. Die Marinade auf den Barschen verteilen, zugedeckt etwa 2 Stunden stehen lassen. Zwischendurch wenden.

3 Für die Füllung Zitronengras putzen, waschen. Das zarte Grün von den Stängeln zupfen und in feine Ringe schneiden.

4 Die Barsche aus der Marinade nehmen und mit etwas von dem Zitronengras und je 1–2 Scheiben Knoblauchbutter füllen. Die gefüllten Barsche in je ein Fischgitter (gut gefettet) legen, auf den heißen Grill legen und von jeder Seite 8–10 Minuten grillen (so lange grillen, bis die Augen vollkommen weiß gefärbt sind).

5 Die Barsche aus dem Fischgitter lösen, auf einem großen, gewaschenen Blatt anrichten (z. B. Rhabarber oder Banane). Mit Chilischoten, Limettenspalten und Korianderblättchen garnieren.

6 Auf jede Fischportion eine Scheibe Kräuterbutter legen und zerlaufen lassen, mit Koriander bestreuen.

Beigabe:
Reis mit etwas Curry vermischt.

Tunfischsteaks in Kräutern und Knoblauch

Zubereitungszeit: 40 Min., ohne Auftau- und Durchziehzeit
Grillzeit: etwa 15 Min.

Pro Portion:
E: 34 g, F: 20 g, Kh: 1 g, kJ: 1460, kcal: 349

Zum Vorbereiten:
- **8–10 Bögen Alufolie**
- **3 EL Speiseöl**

- **8–10 Tunfischsteaks (je etwa 130 g)**
- **1 Pck. TK-Kräuter der Provence**
- **4–5 Knoblauchzehen**

Zum Bestreuen:
- **Salz**
- **frisch gemahlener, grober, bunter Pfeffer**

1 Zum Vorbereiten Alufolie auf einer Seite mit Speiseöl bestreichen.

2 Tunfischsteaks unter fließendem kalten Wasser abspülen und trockentupfen.

3 Kräuter der Provence auftauen lassen. Knoblauchzehen abziehen, durch eine Knoblauchpresse drücken und mit den Kräutern mischen.

4 Je ein Tunfischsteak auf je ein mit Speiseöl bestrichenes Stück Alufolie legen. Die Tunfischsteaks mit dem Kräutergemisch bestreichen, mit Salz und Pfeffer bestreuen. Jedes Tunfischsteak in der Alufolie zu einem Päckchen einpacken und im Kühlschrank über Nacht durchziehen lassen.

5 Die Tunfischsteak-Päckchen auf den heißen Grill legen und unter gelegentlichem Wenden etwa 15 Minuten grillen.

Beigabe:
Ein bunt gemischter Salat aus Paprikaschoten-und Zucchiniwürfeln, Tomaten- und Olivenscheiben in Essig-Öl-Dressing, Baguette oder andere Brotsorten.

Viktoriabarsch im Zucchinimantel

Zubereitungszeit: 50 Min.
Grillzeit: etwa 12 Min.

Pro Portion:
E: 14 g, F: 3 g, Kh: 1 g,
kJ: 411, kcal: 98

- **2 mittelgroße Zucchini (je 250 g)**
- **Salzwasser**

- **4 Viktoriabarschfilets**
- **Salz**
- **frisch gemahlener Pfeffer**
- **etwas Zitronensaft**
- **Olivenöl**

1 Zucchini waschen, die Enden abschneiden. Zucchini der Länge nach in dünne Scheiben schneiden.

2 Zucchinischeiben in kochendem Salzwasser blanchieren, in ein Sieb geben, mit kaltem Wasser übergießen und abtropfen lassen.

3 Viktoriabarschfilets unter fließendem kalten Wasser abspülen, trockentupfen. Jedes Filet einmal senkrecht durchschneiden. Mit Salz, Pfeffer und Zitronensaft würzen.

4 Jeweils 1 Barschfiletstück in 2–3 Zucchinischeiben einschlagen, evtl. mit einem Holzstäbchen zusammenhalten. Mit Olivenöl bestreichen.

5 Die eingeschlagenen Barschfilets auf den heißen, mit Alufolie belegten Grill legen und insgesamt von beiden Seiten etwa 12 Minuten grillen.

- **Beilage:**

Salate und Aioli (Knoblauchmayonnaise).

Safran-Fenchel-Butter

Zubereitungszeit: 20 Min., ohne Kühlzeit

Pro Portion:
E: 1 g, F: 23 g, Kh: 2 g,
kJ: 980, kcal: 234

- **1 Schalotte oder kleine Zwiebel**
- **1 kleine Knolle Fenchel mit Grün**
- **1 TL Safranfäden**
- **250 g weiche Butter**
- **etwas Salz**
- **50 ml trockener Vermouth (Wermut)**
- **Cayennepfeffer**

1 Schalotte oder Zwiebel abziehen und fein würfeln.

2 Von der Fenchelknolle die Stiele dicht oberhalb der Knolle abschneiden. Braune Stellen und Blätter entfernen. Fenchelgrün waschen, trockentupfen, fein hacken und beiseite legen. Die Knolle waschen, halbieren und in kleine Würfel schneiden.

3 Fenchelwürfel, Safranfäden und 2 Esslöffel von der Butter in einen Topf geben. Die Zutaten zugedeckt etwa 5 Minuten dünsten. Salz und Vermouth hineingeben, zuge-

(Fortsetzung Seite 80)

deckt in etwa 10 Minuten fertig garen. Falls am Ende der Garzeit noch Flüssigkeit vorhanden ist, noch einige Minuten ohne Deckel einkochen lassen, bis der Vermouth vollständig verdunstet ist. Die Masse erkalten lassen.

4 Die Masse mit dem beiseite gelegten Fenchelgrün und Butter verrühren. Die Masse zu einer Rolle formen und in Alufolie verpackt kalt stellen.

Tipp:
Die Safran-Fenchel-Butter hält sich 1–2 Wochen im Kühlschrank frisch. Sie lässt sich gut einfrieren. Die Safran-Fenchel-Butter zu Fisch reichen. Dazu passt gegrilltes Gemüse sowie Weißbrot.

Fisch-Mixed-Grill

Zubereitungszeit: 65 Min., ohne Auftauzeit
Grillzeit: 10–15 Min., je nach Fischsorte

Pro Portion:
E: 45 g, F: 38 g, Kh: 6 g, kJ: 2875, kcal: 688

- **6 TK-Lachsfilet (3 Pck. je 250 g)**
- **600 g TK-Zanderfilet (je Portion etwa 60 g)**
- **5 küchenfertige TK-Rotbarben (2 Pck. je 300 g)**
- **10 TK-Jacobsmuscheln (je 20–30 g)**
- **1 Stck. Ingwerwurzel (etwa 60 g)**
- **Saft von 2 Zitronen**
- **Salz**
- **grob gemahlener, bunter Pfeffer**
- **6 EL Olivenöl**
- **10 mittelgroße Tomaten**

Für die Meerrettichbutter:
- **250 g weiche Butter**
- **50 g geriebener Meerrettich**

1 Lachsfilet, Zanderfilet, Rotbarben und Muscheln nach Packungsanleitung auftauen lassen. Die Fischsorten unter fließendem kalten Wasser abspülen und trockentupfen. Lachsfilets halbieren.

2 Ingwerwurzel schälen, in hauchdünne Scheiben schneiden oder auf einer Küchenreibe klein raspeln.

3 Alle Fischsorten und Muscheln mit Zitronensaft, Ingwer, Salz und Pfeffer würzen und mit Öl bestreichen.

4 Tomaten waschen, abtrocknen, die Stängelansätze herausschneiden. Tomaten an der Oberseite mit einem scharfen Messer einritzen. Mit Salz und Pfeffer bestreuen.

5 Für die Meerrettichbutter Butter und Meerrettich verrühren und kalt stellen.

6 Die einzelnen Fischsorten und Muscheln auf dem heißen Grill unter gelegentlichem Wenden 10–15 Minuten (je nach Fischsorte) grillen. Die vorbereiteten Tomaten ebenfalls auf den heißen Grill legen und 5–10 Minuten grillen.

7 Die Merrettichbutter zum Fisch reichen.

Beigabe:
Verschiedene Salate und Brot.

Makrelen auf Mittelmeerart

Zubereitungszeit: 55 Min.
Grillzeit: etwa 30 Min.

Pro Portion:
E: 68 g, F: 45 g, Kh: 3 g,
kJ: 3147, kcal: 752

- **8 küchenfertige Makrelen (je 350 g)**
- **Salz, Pfeffer**

Für die Füllung:

- **6 Fleischtomaten**
- **30 schwarze, entsteinte Oliven**
- **getrockneter Oregano**
- **2 Bund glatte Petersilie**

Außerdem:

- **Alufolie**

1 Makrelen innen und außen unter fließendem kalten Wasser abspülen, trockentupfen. Makrelen mit Salz und Pfeffer bestreuen.

2 Für die Füllung Tomaten kreuzweise einschneiden und einige Sekunden in kochendes Wasser legen. Tomaten kurz in kaltes Wasser legen, enthäuten, halbieren, entkernen, Stängelansätze herausschneiden. Fruchtfleisch in Würfel schneiden.

3 Oliven vierteln, mit Oregano zu den Tomatenwürfeln geben. Petersilie abspülen, trockentupfen, die Blättchen fein hacken und untermengen. Jeweils etwas von der Füllung in je 1 Makrele geben. Jeweils 1 gefüllte Makrele auf je ein Stück Alufolie legen und fest verschließen.

4 Die Makrelen in der Folie auf den heißen Grill legen und unter gelegentlichem Wenden etwa 30 Minuten grillen.

Tomatensauce provenzalisch

Zubereitungszeit: 45 Min.

Pro Portion:
E: 3 g, F: 32 g, Kh: 8 g,
kJ: 1437, kcal: 344

Für die Tomatensauce:

- **1 kg Tomaten**
- **1 Knoblauchzehe**
- **125 ml (1/8 l) Olivenöl**
- **1/2 TL Zucker**
- **2 TL Kräuter der Provence**
- **Salz**
- **frisch gemahlener Pfeffer**
- **Zitronensaft**
- **etwas Zucker**
- **1 EL fein gehacktes Basilikum**
- **1 EL fein gehackte Petersilie**

1 Für die Sauce Tomaten kreuzweise einschneiden und einige Sekunden in kochendes Wasser legen. Tomaten in kaltem Wasser abschrecken, enthäuten, Stängelansätze herausschneiden, Tomaten vierteln und entkernen. Knoblauch abziehen, zerdrücken.

2 Olivenöl in einer Pfanne erhitzen, Tomatenviertel und Knoblauch darin andünsten. Zucker und Kräuter der Provence hinzufügen, zugedeckt etwa 15 Minuten dünsten. Sauce mit einem Pürierstab pürieren.

3 Sauce mit Salz, Pfeffer, Zitronensaft und Zucker würzen. Kräuter unterrühren.

Tipp:
Zu gegrilltem oder gedünstetem Fisch oder zu Fleischspießen reichen.

Forellen im Silberkleid

Zubereitungszeit: 55 Min.
Grillzeit: etwa 30 Min.

Pro Portion:
E: 62 g, F: 17 g, Kh: 10 g,
kJ: 2033, kcal: 486

- **8 küchenfertige Forellen (je 300 g)**
- **Salz**
- **frisch gemahlener Pfeffer**

Für die Füllung:

- **4 kleine Fenchelknollen (je 200 g)**
- **80 g Butter**
- **Salz**
- **frisch gemahlener Pfeffer**
- **4 Orangen**
- **Orangensaft**
- **2 Bund Dill**

Außerdem:

- **Alufolie**

1 Forellen innen und außen unter fließendem kalten Wasser abspülen, trockentupfen. Forellen mit Salz und Pfeffer bestreuen.

2 Für die Füllung die Stiele von den Fenchelknollen dicht oberhalb der Knollen abschneiden. Braune Stellen und Blätter entfernen. Die Wurzelenden gerade schneiden. Die Knollen waschen, halbieren und in Scheiben schneiden. Scheiben halbieren.

3 Butter in einem Topf zerlassen. Die halbierten Fenchelscheiben darin andünsten. Mit Salz und Pfeffer würzen.

4 Orangen so dick mit einem Messer abschälen oder abschneiden, dass auch die weiße Haut ganz entfernt wird. Dann das Fruchtfleisch mit einem scharfen Messer von einer Trennhautseite abschneiden und von der anderen Seite abziehen oder auch abschneiden, so dass die Trennhäute stehen bleiben. Dabei den Saft in einer Schüssel auffangen. Orangensaft und -filets unter die Fenchelscheiben heben. Dill abspülen, trockentupfen, fein schneiden und unterheben.

5 Jeweils etwas von der Füllung in je 1 Forelle geben. Jeweils 1 Forelle auf je ein Stück Alufolie legen und fest verschließen.

6 Die Forellen in der Folie auf den heißen Grill legen und unter gelegentlichem Wenden etwa 30 Minuten grillen.

Beilage:
Bunt gemischter Blattsalat.

Gemüse mit Zitronen-Soja-Vinaigrette

Zubereitungszeit: 45 Min.
Grillzeit: etwa 12 Min.

Pro Portion:
E: 6 g, F: 22 g, Kh: 18 g, kJ: 1259, kcal: 301

- **3–4 Bund Frühlingszwiebeln**
- **4 mittelgroße Zucchini (je 250 g)**
- **6 Äpfel, z. B. Cox Orange (unbehandelt)**
- **100 ml Olivenöl**

Für die Zitronen-Soja-Vinaigrette:

- **6 EL Olivenöl**
- **6 EL Zitronensaft**
- **12 EL Sojasauce**
- **frisch gemahlener, schwarzer Pfeffer**
- **4 Thymianzweige**

- **2 Schalen Kresse**

Außerdem:

- **2 Alu-Grillschalen**

1 Frühlingszwiebeln putzen, den dunklen Teil und die Wurzeln entfernen. Dickere Zwiebeln der Länge nach halbieren. Frühlingszwiebeln waschen und abtropfen lassen.

2 Zucchini waschen, abtrocknen und die Enden abschneiden. Zucchini in ½ cm dicke Scheiben schneiden.

3 Äpfel waschen, abtrocknen, vierteln und entkernen. Apfelviertel in je 3 Spalten schneiden.

4 Frühlingszwiebeln, Zucchinischeiben und Apfelspalten in eine Schüssel geben. Die Zutaten mit dem Olivenöl vermischen.

5 Für die Vinaigrette Olivenöl mit Zitronensaft und Sojasauce verrühren, mit Pfeffer würzen. Thymian abspülen und trockentupfen. Die Blättchen von den Stängeln zupfen. Thymianblättchen vorsichtig unter die Sauce rühren.

6 Das Gemüse in Alu-Grillschalen füllen. Die Grillschalen auf den heißen Grill stellen und das Gemüse etwa 12 Minuten grillen, dabei einmal wenden.

7 Kresse abspülen und trockentupfen. Das gegrillte Gemüse in eine Schale geben und mit Kresse bestreuen.

8 Das Gemüse mit der Zitronen-Soja-Vinaigrette servieren.

Tipp:
Die Zitronen-Soja-Vinaigrette schmeckt auch zu anderem gegrillten Gemüse. Probieren Sie doch einmal Tomaten, dünne Fenchelscheiben oder Auberginen.

Gegrilltes, buntes Paprikagemüse

Zubereitungszeit: 65 Min., ohne Durchziehzeit
Grillzeit: 10–12 Min.

Pro Portion:
E: 4 g, F: 29 g, Kh: 11 g, kJ: 1387, kcal: 330

- **10 kleine, gelbe Paprikaschoten**
- **10 kleine, rote Paprikaschoten**
- **10 kleine, grüne Paprikaschoten**
- **10 kleine, orangefarbene Paprikaschoten**

Für die Marinade:

- **6 Knoblauchzehen**
- **1 EL grüne Pfefferkörner in Lake (20 g)**
- **250 ml (1/4 l) Olivenöl**

Zum Bestreuen:

- **Salz**

Außerdem:

- **20 Holz- oder Metallspieße**

1 Die Paprikaschoten halbieren und entkernen. Die weißen Scheidewände entfernen, Schoten waschen und in Viertel schneiden.

2 Wasser in einem großen Topf zum Kochen bringen. Die Paprikaviertel portionsweise darin blanchieren (Blanchierzeit je Vorgang etwa 3 Minuten). Anschließend herausnehmen und mit kaltem Wasser übergießen. Paprikaviertel in einem Sieb gut abtropfen lassen.

3 Paprikaviertel in bunter Reihenfolge auf 20 Holz- oder Metallspieße verteilen (6 Paprikaviertel je Spieß).

Beigabe:
Verschiedene Brotsorten.

4 Für die Marinade Knoblauch abziehen und in dünne Scheiben schneiden. Pfefferkörner mit der flachen Seite des Messers leicht zerdrücken. Pfefferkörner und Knoblauchscheiben mit dem Öl verrühren.

5 Die Paprikaspieße in eine flache Schale legen und mit der Marinade übergießen. Mit Klarsichtfolie zugedeckt im Kühlschrank aufbewahren.

6 Die Paprikaspieße abtropfen lassen, auf den heißen Grill legen und unter mehrmaligem Wenden 10–12 Minuten grillen. Paprikaspieße mit Salz bestreuen.

Tipp:
Servieren Sie die Paprikaspieße mit verschiedenen Dips, z. B. Quark mit frisch gehackten Kräutern oder mit einer leichten Mayonnaise mit Knoblauch gewürzt oder mit einem fruchtigen Tomatenketchup mit Tomatenwürfeln und grünen Pfefferkörnern.

Auberginen mit eingelegten Limetten

Zubereitungszeit: 50 Min., ohne Durchziehzeit
Grillzeit: etwa 4 Min.

Pro Portion:
E: 4 g, F: 38 g, Kh: 13 g, kJ: 1786, kcal: 427

Für die eingelegten Limetten:
- **5 Limetten (unbehandelt)**
- **1 EL Meersalz**
- **150 ml Olivenöl**

- **5 Knoblauchzehen**
- **150 ml Olivenöl**
- **10 mittelgroße Auberginen (je etwa 300 g)**
- **Salz**
- **frisch gemahlener, grober, bunter Pfeffer**
- **2 Bund Schnittlauch**

1 Für die eingelegten Limetten Limetten waschen, trockentupfen und in dünne Scheiben schneiden. Limettenscheiben mit Salz bestreuen, in ein Glas schichten und mit Olivenöl begießen, so dass die Limettenscheiben bedeckt sind. Limettenscheiben mit Klarsichtfolie zudecken und mindestens 24 Stunden kalt stellen.

2 Knoblauch abziehen, durch eine Knoblauchpresse drücken, mit Olivenöl verrühren.

3 Auberginen waschen, die Stängelansätze abschneiden. Auberginen in Scheiben schneiden und mit Salz und Pfeffer bestreuen. Auberginenscheiben in eine flache Schale legen und mit dem Knoblauchöl übergießen. Auberginenscheiben mit Klarsichtfolie zudecken und kalt stellen.

4 Schnittlauch waschen, trockenschütteln und in Röllchen schneiden.

5 Die Auberginenscheiben auf dem heißen Grill von jeder Seite etwa 2 Minuten grillen. Auberginenscheiben mit den eingelegten Limettenscheiben und Schnittlauchröllchen garnieren.

Beigabe:
Eingelegter Feta-Käse oder Mozzarellascheiben. Frisches Weißbrot.

Tipp:
Die Auberginen schmecken auch sehr gut zu gegrilltem Lammfleisch oder Fisch.
Limettenscheiben schon einige Tage vor dem Verzehr in Olivenöl einlegen.

Gegrillte Austernpilze

Zubereitungszeit: 85 Min., ohne Durchziehzeit
Grillzeit: Spieße etwa 10 Min., Pilze 8–10 Min.

Pro Portion:
E: 10 g, F: 61 g, Kh: 9 g, kJ: 2907, kcal: 694

- **1800 g große Austernpilze**
- **2 Bund Frühlingszwiebeln (etwa 12 Stck.)**
- **20 dünne Scheiben Frühstücksspeck, z. B. Bacon**
- **1 Pck. TK-Kräuter der Provence**
- **8 EL Speiseöl**
- **Salz**
- **frisch gemahlener, grober, bunter Pfeffer**

Außerdem:

- **Holz- oder Metallspieße**

1 Austernpilze verlesen, mit Küchenpapier abreiben, evtl. abspülen und trockentupfen. Die Stiele abschneiden, große Austernpilze halbieren.

2 Frühlingszwiebeln putzen, waschen und trockentupfen. Die Frühlingszwiebeln (Knolle entfernen) halbieren und mit je 1 Scheibe Frühstücksspeck umwickeln und auf Holz- oder Metallspieße stecken.

3 Kräuter der Provence mit Speiseöl verrühren.

4 Austernpilze und Zwiebel-Speck-Spieße in eine flache Schale oder Fettfangschale legen, mit Salz und Pfeffer bestreuen und mit dem Kräuteröl beträufeln. Spieße und Pilze mit Klarsichtfolie zudecken und etwa 1 Stunde durchziehen lassen.

5 Die Spieße auf den heißen Grill legen und etwa 10 Minuten grillen. Austernpilze in eine Grillschale legen und ebenfalls 8–10 Minuten grillen.

Beigabe:
Verschiedene Salate, verschiedene Brotsorten, gegrilltes Geflügelfleisch.

Alphabetisches Register

Themenregister

Gegrilltes Fleisch

Gegrilltes Geflügel

Gegrillter Fisch & Meeresfrüchte

Gegrilltes Gemüse

Saucen & Dips

In dieser Reihe sind bisher außerdem erschienen: *Partyaufläufe, Schnelle Partyrezepte, Partydrinks, Partysalate, Partysnacks* und *Partysuppen*. Sie erhalten diese Bücher im Buchhandel.

Umwelthinweis Dieses Buch und der Einband wurden auf chlorfrei gebleichtem Papier gedruckt. Die Einschrumpffolie – zum Schutz vor Verschmutzung – ist aus umweltfreundlichem und recyclingfähigem PE-Material.

Wenn Sie Anregungen, Vorschläge oder Fragen zu unseren Büchern haben, rufen Sie uns unter folgender Nummer an (0521) 155 25 80 oder 52 06 50 oder schreiben Sie uns:
Dr. Oetker Verlag KG, Am Bach 11, 33602 Bielefeld.

Bei den in diesem Buch verwendeten Rezeptnamen handelt es sich zum Teil um eingetragene Marken.

Wir danken für die freundliche Unterstützung Ketchum PR, München

Redaktion Carola Reich, Annette Riesenberg

Titelfoto Thomas Diercks, Hamburg
Innenfotos Kai Boxhammer, Hamburg

Rezeptentwicklung und -beratung Gerhard Ruhle, Hamburg
Mechthild Plogmaker, Versuchsküche Dr. Oetker, Bielefeld

Grafisches Konzept Björn Carstensen, Hamburg
Gestaltung M·D·H Haselhorst, Bielefeld
Titelgestaltung KonturDesign GmbH, Bielefeld

Reproduktionen Kruse Reproduktionen GmbH, Vreden
Satz JUNFERMANN Druck & Service, Paderborn
Druck MOHN Media • Mohndruck GmbH, Gütersloh

Die Autoren haben dieses Buch nach bestem Wissen und Gewissen erarbeitet. Alle Rezepte, Tipps und Ratschläge sind mit Sorgfalt ausgewählt und geprüft. Eine Haftung des Verlages und seiner Beauftragten für alle erdenklichen Schäden an Personen, Sach- und Vermögensgegenständen ist ausgeschlossen.

ISBN 3–7670–0614-6